I0156461

MARIE KRYSINSKA

RYTHMES
PITTORESQUES

MIRAGES
SYMBOLES — FEMMES — CONTES
RÉSURRECTIONS

PARIS
ALPHONSE LEMERRE, ÉDITEUR
23-31, PASSAGE CHOISEUL, 23-31

M DCCC XC

RYTHMES

PITTORESQUES

A PARAITRE PROCHAINEMENT :

Contes de Neige.

Joies errantes (nouvelles).

Folle de son corps (roman).

Juliette Cordelin (roman).

ÉMILE COLIN — IMPRIMERIE DE LAGNY

MARIE KRYSINSKA

RYTHMES

PITTORESQUES

MIRAGES
SYMBOLES — FEMMES — CONTES
RÉSURRECTIONS

PARIS

ALPHONSE LEMERRE, ÉDITEUR

23-31, PASSAGE CHOISEUL, 23-31

M DCCC XC

Nous désirons rappeler à ceux qui se sont intéressés aux derniers mouvements littéraires que l'auteur des *Rythmes Pittoresques* est le premier qui ait eu l'initiative de ces innovations prosodiques et aussi du retour vers le symbole — éternel élément d'art — qui était supplanté par le réalisme, le modernisme, le parisianisme et le *fumisme* à l'époque où Marie Krysinska publiait ses premiers vers libres (en 1882) dans le *Chat noir* et dans la *Vie moderne*.

Le journal le *Chat noir* réunissait l'élite des littérateurs militants de ce moment : Fernand Icres, Charles Cros, Rollinat, Léon Cladel, Emile Goudeau, G. Rodenbach, Jean Moréas J. Lorin, Ed. Haraucourt, d'Esparbès, etc., et ces publications n'étaient sûrement pas ignorées; d'ailleurs, Georges Duval en a cité dans l'*Evénement* en 1883.

Il y eut donc — de la part des confrères manifestants et propagateurs de symbolisme en 1885 — pas mal de perfidie à ne jamais prononcer le nom de Marie Krysinska lorsqu'ils faisaient le dénombrement de leur *groupe initial* (1).

(1) Extrait des *Annales Artistiques et Littéraires*, 1er avril 1890.

PRÉFACE

Madame,

Vous vous êtes trouvée à l'origine de ce mouvement littéraire en révolte contre la perfection routinière et qui ébranla l'idole du vers français classico-romantique. Sans manifester aucun orgueil, révolutionnaire vous fîtes œuvre de réforme, œuvre d'autant plus utile que vous n'avez pas uniquement détruit, que vous écartez l'obscurité et le mensonge. Il est indubitable que votre effort fut prosodique, je veux dire qu'il tendit à la constitution d'un nouveau mode musical de la parole non chantée : Votre prose rythmée possède une harmonie délicate ; l'euphonie des mots, le système des assonances, la modulation de la période et, d'autre part, la grâce, l'inattendu, la concentration, la saveur des images ne laissent pas un instant de doute sur le

caractère nettement et bellement poétique de votre tra-
vail. Ce travail vint à son heure : pour le juger, il faut
qu'on se replace en 1882-83 époque où il INNO-
VAIT (1).

L'œuvre que vous nous offrez ne sera certainement
pas la dernière, et l'on peut présumer qu'après avoir
été des premières à ouvrir la phase instrumentive (indis-
pensable), vous serez (ou plutôt vous resterez) une
des premières à puiser dans le domaine si large, si
vaste de la pensée moderne. Les poètes de ce temps
sont, en effet, Madame, dévolus à une double tâche,
l'une préparatoire et que je crois prête à se clore, l'autre
plus durable, qui va commencer.

Car la poésie, vaincue par la prose, sa terrible rivale,
semble vouloir faire effort désespéré pour reconquérir
une partie de son ancienne importance. Comme tous
les vieux empires elle s'est longtemps accrochée aux
traditions de la gloire, aux lois et aux usages qui
l'avaient faite maîtresse des Belles-Lettres et elle a fait
rendre à ces choses ce qu'elles pouvaient. Repoussée de

(1) *Madame Krysinska publiait en effet, en* 1882 *et* 1883,
époque où la rupture des moules n'avait pas encore de parti-
sans, des morceaux tels que « SYMPHONIE EN GRIS », BALLADE,
LES BIJOUX FAUX, SYMPHONIE DES PARFUMS, CHANSONS D'AU-
TOMNE, BERCEUSE MACABRE, LE HIBOU, *morceaux qui offrent*
la technique des vers libres préconisés en ces derniers temps
par les détails de cadence, de modulation et même de typogra-
phie qui caractérisent les essais des groupes rénovateurs ou
pseudo-rénovateurs contemporains.

l'étude du contemporain, écrasée par la maëstria du roman, elle remporta des victoires dernières sur le domaine de la Tradition. Ainsi elle ralliait son origine, réapparaissait une mnémonique habile, fixatrice, conservatrice de ce qu'il y a de légendaire dans notre forte et positive civilisation. Mais ces victoires lui ont coûté : le vieux budget des métaphores et des cadences, des effets de nombre et de rime, le vieux budget s'y est tari :

Les cygnes, les lys, les papillons et les roses, les rossignols et les étoiles, les grands souffles de l'alexandrin, la jolie ciselure du sonnet, la grâce de la ballade, tout cela apparaît tellement fatigué en face de la merveilleuse jeunesse de la prose.

Pourtant la poésie prosodique n'est pas morte et ne doit point périr de sitôt ; j'estime qu'elle peut et doit évoluer, qu'elle doit traverser plusieurs phases encore avant de se fondre définitivement. A quelles conditions pourra-t-elle se sauver ? La première, l'essentielle, c'est qu'il se trouve un poète, un large et vigoureux cerveau qui s'attache à reconstituer une métrique et des cadres, ou plutôt, car cette métrique et ces cadres existent, qui veuille bien se servir des nouveaux moules pour y couler des chefs-d'œuvre. Notre génération ne perd donc pas son temps lorsqu'elle détruit les vieux systèmes, lorsqu'elle s'efforce de transformer l'emploi de la rime, de la cadence, du nombre ou de la forme, lorsqu'elle établit de frais dispositifs capables de rem-

placer les splendeurs surannées des types où s'impri-
maient l'ode et la chanson, l'épopée et l'élégie, le conte
et la satire (1)...

Seulement, comme je l'ai dit ailleurs : la préoccupa-
tion unique d'innover dans la machinerie poétique serait
un indice de misère, il est temps que l'ÊTRE se montre
le créateur de pensées. Celui-là trouvera les voies et
saura faire bénéficier le vers de cette liberté qu'il a
reprise, rendre à la poésie son éternelle destination
qui est d'exprimer harmonieusement soit de petites ou
de grandes synthèses aux éléments bien connus, soit
des émotions ou des tableaux extrêmes, mais toujours un bel ensemble fait pour se FIXER ou, du moins,
pour S'ARRÊTER durant une longue période dans la
cervelle humaine. Tandis que la prose, plus propre
à l'analyse, mieux faite pour la découverte pour l'effort
continu, explorera les steppes et les forêts lointaines,
travaillera d'abondance, elle, la poésie, fera valoir le
domaine acquis, le circonscrira de rythmes musicaux,
doux à la mémoire.

Mais qu'on ne s'y trompe pas, qu'on ne s'imagine
pas satisfaire l'intelligence et l'instinct contemporains
avec les menus cris et les plaintes indigentes de la tradition classique, que l'on se hâte de sortir du FIGÉ,

---

(1) Bien entendu et cette idée est celle des novateurs
eux-mêmes, le mètre classique ne doit point nécessairement
périr, mais il faut se résigner à n'y voir qu'UN mode prosodique
et non plus LE mode prosodique.

qu'on introduise du vivant, qu'on renouvelle le stock
des images et des métaphores, qu'on suive le mouvement progressif de la prose, qu'on craigne la mort
orientale par l'excès d'entités, la stagnation chinoise
dans l'allégorie ; que la poésie ne soit pas seulement le
refuge des microcéphalies routinières, des chloroses et
des infirmités, qu'elle ne se borne pas à des pessimistes
d'avorton, à des anarchies exsangues de menteurs, à
des prophéties et à des systèmes de tireuses de cartes de
quartier populaire ; qu'elle ne recule pas devant la seule
œuvre digne des puissants qui est de comprendre et de
rendre l'extraordinaire époque où nous vivons, d'en
accepter les problèmes ardus, l'admirable analyse
scientifique et philosophique, sous peine de voir périr
la prosodie jusqu'à l'heure où les prosateurs en auront
lentement créé une nouvelle. « Je veux une prosodie
rythmée », dit Flaubert. Et il ne le dit pas en vain.
La « Tentation » est un poème et aussi « Salambô ».
Qui relèvera le gant ? Quelle grande âme euphonique
viendra clore le cabotage des instrumentations crain-
tives, et, en robuste navigateur, tendra sa voile au vent
du large ?

J. H. ROSNY.

I

MIRAGES

LA SOURCE

A Maurice Donnay.

Regards attristés
De réalités
    Laides !
O mes regards douloureux aussi
Des pleurs répandus —
    Comme un sang très pâle
    Sur le sable des Cirques ; —

Regards, — infatigables pèlerins
Sur les chemins
    De la Beauté, —
Buvez les fraîches ondes
    De verte clarté
Pleuvante si tranquillement.
    Si joyeusement

Au travers
De ces branches emmêlées :
On dirait
Un doux firmament vert
Etoilé
Des trous d'azur de l'éther.

*
* *

Quelle exquise symphonie !
Les jeunes pousses ont
Le plumage tendre
Des poussins s'ébattant au soleil,
Dans les cours des fermes.

Et les pubères feuillages
Sont l'émeraude précieuse,
Dont la prodigue main des anges
Broda le manteau du ciel.

Les troncs bruns des sycomores
Ont l'attitude chaste du sommeil
Des bêtes
Aux brunes fourrures.

Les bouleaux souples
Dansent comme des almées
Dans leurs blancs atours.

Et les aimables lianes
Prennent dans leurs bras amoureux
   Les torses des puissants chênes.

    * *

La Source aux yeux candides,
   A la chevelure verte,
Baigne dans l'eau ses cuisses de jade.

Sa gracieuse oreille de corolle
Ecoute le bruit délicat
Des herbes frôlées
   Par le lézard, —
Au milieu du calme extatique
   Des ramures. —

Et le regard rieur de ses yeux candides
Suit le manège des vertes grenouilles ;
Tandis que sa main charmante,
   Et claire comme un nénuphar,
Joue avec le collier de jolis cailloux luisants
   Qui murmure autour de son cou.

3 août 1889.

RONDE DE PRINTEMPS

A Charles de Sivry.

Dans le Parc, dans le Parc les glycines frissonnent,
Étirant leurs frêles bras —
Ainsi que de jeunes filles
 Qui se réveillent d'un court sommeil
 Après la nuit dansée au bal,
Les boucles de leurs cheveux
Tout en papillotes
Pour de prochaines fêtes —
 Dans le Parc.

Dans les Prés, dans les Prés les marguerites blanches
S'endimanchent, et les coquelicots
 Se pavanent dans leurs jupes
 Savamment fripées,
Mais les oiseaux, un peu outrés,
Rient et se moquent des coquettes
 Dans les Prés.

Dans les Bois, dans les Bois les ramures s'enlacent :
Voûte de Cathédrale aux Silences
Où le pas des Visions se fait pieux et furtif,
    Parmi les poses adorantes des Hêtres
    Et les blancs surplis des Bouleaux —
Sous les vitraux d'émeraude qui font
Cette lumière extatique —
    Dans les Bois.

Dans l'Eau, dans l'Eau près des joncs somnolents
Tremblent les étoiles plues du soleil
    Dans l'Eau,
    Et la Belle tout en pleurs
    Tombe parmi les joncs somnolents,
    Et la Belle
Meurt parmi la torpeur lumineuse des flots :
    La Belle Espérance
S'est noyée, et cela fait des ronds
    Dans l'Eau.

18 mai 1889.

LES FENÊTRES

A François Coppée.

Le long des boulevards et le long des rues elles
étoilent les maisons ;

A l'heure grise du matin, repliant leurs deux ailes
en persiennes, elles abritent les exquises paresses et
emmitouflent de ténèbres le Rêve frileux.

Mais le soleil les fait épanouir comme des fleurs,
— avec leurs rideaux blancs, rouges ou roses, —

Le long des boulevards et le long des rues.

Et tandis que la vitre miroite comme de l'eau dormante, que de charme inquiétant et que de confi-
dences muettes, entre les plis des rideaux blancs,
rouges ou roses.

Les arabesques des guipures chantent les existences
heureuses,

Les feux joyeux dans les cheminées,
Les fleurs rares aux parfums charrieurs d'oubli,
Les fauteuils hospitaliers où sommeillent les volup-
tueuses songeries et — dans la splendeur des cadres
— les évocations de pays rêvés.

Mais comme ils pleurent les lamentables rideaux
de mousseline fanée,
Que de plaintes et que d'angoisses dans le lam-
beau de percale salie qui semble pris à un linceul;
Et comme elles sont tragiques les fenêtres sans
rideaux, —
Les fenêtres vides comme des yeux d'aveugles, —
Où sur la vitre brisée, le morceau de papier collé
plaque des taies livides...

Parfois pourtant elle est radieuse la pauvre fenêtre,
au bord du toit,
Quand, pour cacher sa triste nudité, le ciel la
peint tout en bleu.
Avec son pot de géranium chétif, elle semble alors
— la pauvre fenêtre, au bord du toit, — un morceau
d'azur où pousseraient des fleurs.

*
* *

Le long des boulevards et le long des rues, elles
étoilent les maisons.

I.

Et quand le soleil se couche sur son bûcher in-
cendié, éclaboussant d'or et de sang l'horizon,
Elles resplendissent comme des armures,
Jusqu'à l'heure navrée, où, dans le recueillement
de tous les objets, l'obscurité tombe comme une
neige noire, par flocons.

Alors tous les miroitements s'éteignent ; toutes les
couleurs se confondent et s'effacent ;
Seuls, les vitraux des églises, illuminés par quelque
lampe solitaire, rayonnent doucement, mystérieux et
symboliques.

*
* *

Mais il s'éveille bientôt le Paris noctambule ;
Il ouvre ses millions d'yeux aux ardentes prunelles ;
Et dans la prestigieuse atmosphère du soir, les
fenêtres revivent
Le long des boulevards et le long des rues.

La lampe suspend son globe familier : doux soleil
qui fait fleurir les heures intimes ;
Les bougies des lustres reflètent, dans les glaces,
leurs grappes joyeuses,
Et sur la vitre qui est d'opale, on voit glisser des
ombres fugitives, aux rythmes de musiques plus vagues
que des souffles ;

Auprès, les fenêtres des maisons en construction
s'ouvrent comme des bâillements de perpétuel ennui;

Sous les combles, la pauvre chandelle grelotte, —
cependant que le gaz braille aux entresols des res-
taurants,

*
* *

Et lueurs de lampes, lueurs de gaz, candélabres et
chandelles — confondent leurs notes disparates dans
une symphonie de rayons ;

Où la radieuse cantilène des heures bénies se mêle
à la hurlante voix des gaîtés fausses,

Où, bruits de fêtes, bruits de baisers se mêlent aux
râles des solitaires agonies, et aux clameurs de la
débauche lugubre.

*
* *

Puis l'heure silencieuse et froide vient éteindre
lumières et bruits.

Seul le pas régulier d'un sergent de ville va et
vient sur le trottoir sonore, sous les fenêtres qui s'en-
dorment comme des yeux lassés

Le long des boulevards et le long des rues.

Novembre 1883.

PLEINE MER

A Théo Poilpot.

Du fond des caveaux de tristesse —
Que surplombe l'Irrémédiable ainsi qu'une voûte, —
Du fond des caveaux de tristesse
Où vous êtes, de deuil vêtue
Et toute
Pleurante descendue —
Mon âme !
Souvenez-vous de ce retour enivré,
Dans les larges floraisons de clarté,
Et dans le puissant vent frais
Qui chantait.

C'était comme de glorieuses plaines après de fabuleux combats, où les boucliers des héros morts —
resplendissaient au soleil.

L'horizon monte éperdu
Et surgissent des montagnes de jade et de marbre
   noir
S'abîmant aussitôt avec une formidable voix
Dans le natal chaos,
Et montent de géantes murailles de fer
Vers le ciel projetées en superbes élans
Puis retombent aux gouffres ;

Tandis que les nymphes effrayées
Courent dans les glauques ravins, traversés des
   éclairs blancs de leurs tuniques,
Semant les perles de leurs parures
En impondérables avalanches.

Le joli cri des mouettes grises
Égaie le ciel gris comme les ailes
          Des mouettes grises.

Ce sont maintenant de bleues prairies
Aux paissantes chèvres blanches
Alors que de libres chevaux
Bondissent, les crinières envolées

Et voici s'ouvrir dans un ciel de conque précieuse,
   la divine porte
Menant aux éternels Palais.

Les obliques rayons d'un soleil tranquille ont dressé
  des gradins
Sur les nuages asservis
Et voici s'ouvrir la divine porte
Menant aux éternels Palais.

L'or prodigué descend en fluides draperies
      Et les vertes transparences
Se pavoisent d'or prodigué
      Et les vertes transparences
Se constellent de saphirs, d'opales et d'escarboucles —

      Et monte un chant recueilli
      Aux profondes Orgues
C'est, l'immortelle Beauté, prêtresse
Qui parée ainsi de lueurs
Célèbre les rites sacrés.

      Mais bientôt vaincue par le charme
      Apaisant de ce soir —
Où l'or prodigué descend en fluides draperies —
      Sereine, Elle se couche pour le sommeil
      Et sa poitrine respirante
      Se soulève, émue d'un prodigieux rêve.

      Les vertes transparences
Se sont noyées aux profondeurs

Qui roulent maintenant dans leurs noirs replis
     Les Vertiges sonores.

La Nuit conquérante
Est venue
Et l'on voit onduler la traîne
De sa robe frangée d'humides étoiles
Puis disparaître.

     Voici poindre au loin
     Les Phares.

SYMPHONIE EN GRIS

A Rodolphe Salis.

Plus d'ardentes lueurs sur le ciel alourdi,
Qui semble tristement rêver.
Les arbres, sans mouvement,
Mettent dans le loin une dentelle grise. —
Sur le ciel qui semble tristement rêver,
Plus d'ardentes lueurs. —

Dans l'air gris flottent les apaisements,
Les résignations et les inquiétudes.
Du sol consterné monte une rumeur étrange, sur-
   humaine.
Cabalistique langage entendu seulement
Des âmes attentives. —
Les apaisements, les résignations, et les inquiétudes
Flottent dans l'air gris. —

Les silhouettes vagues ont le geste de la folie.
Les maisons sont assises disgracieusement
Comme de vieilles femmes —
Les silhouettes vagues ont le geste de la folie. —

C'est l'heure cruelle et stupéfiante,
Où la chauve-souris déploie ses ailes grises,
Et s'en va rôdant comme un malfaiteur. —
Les silhouettes vagues ont le geste de la folie. —

Près de l'étang endormi
Le grillon fredonne d'exquises romances.
Et doucement ressuscitent dans l'air gris
Les choses enfuies.

Près de l'étang endormi
Le grillon fredonne d'exquises romances.
Sous le ciel qui semble tristement rêver.

4 novembre 1882.

MIDI

I

MIDI

A Georges d'Esparbés.

Le firmament luit comme un cimeterre !
Et les routes sont pâles comme des mortes.

Les Vents — allègres paladins —
Sont partis devers
      Les mers ;
Montés sur les éthéréens chevaux
Au fier galop de leurs sonnants sabots
Ils sont partis devers
      Les mers.

Une paix maléfique plane comme un oiseau
Faisant rêver de mort le plaintif olivier
Et de forfaits le figuier tenace
Dont le fruit mûr se déchire et saigne.

Les sources — comme elles sont loin !
Et les Naïades —
   Où sont-elles ?

Mais voici — joie des yeux —
Près de la roche courroucée
Le petit âne gris
   Mangeur de chardons.

  Nice.

II

LES ROCS

A Jules Guérin.

Vous êtes pareils aux cœurs fiers en détresse
O rocs ! dressés aux bords de cette mer implacable
  et tendre.
Bleue, comme l'œil bleu des enfants : — tendre et
  implacable.

Quelles Résignations longues
Ont creusé le calme de vos grottes ? —
Où dorment les pleurs stagnants dans les citernes. —
En quelles inconjurables Colères
Se sont heurtées vos poitrines ?
        Et confondues ;
Chaos croulant
De chairs sanglantes et d'ossements noircis

Pour quels Refuges d'âmes harassées
        Pour quels Refuges
Ces inexpugnables Châteaux
Posés sur vos fronts ainsi que des couronnes ?

Pour quels Refuges ces Châteaux
        Plus forts que le Temps !

Cités endormies
Sous l'aile arrêtée des Nuées !
Quel monstrueux Népenthés vous versa ce Rêve ?
Et quels souvenirs d'un Jadis avant les Ages
Vous font cette attitude de stupeur ?
Auprès de la mer — tendre et implacable ?...

    Monte-Carlo.

III

HORIZONS

A Alfred Rambaud.

Les âpres mâchoires des rochers
Ont dévoré le déclinant soleil
Et la peau aux lourdes rides —
La rude peau des monstres accroupis —
S'éclabousse du sang rose
Que répandit le déclinant soleil.

C'est l'Heure épanouie comme une large Fleur
Où le ciel attristé semble prendre en ses bras
Les monts, les arbres et la mer
Pour d'intimes communions
A l'horizon perdu.

L'olivier pleure aux bords des routes ;
Et tout là-bas dans la vallée
Sonnent les gaies couleurs des toitures.

Mais, voici reparaître la montagne — Reine
Qui porte dans les plis de son long manteau
Les forêts, les vignes et les villes —

Puis, la mer seule
Et dans le beau ciel d'or mourant
Les grandes vagues immobiles
    Des Alpes au loin.

    Route de la Corniche.

EFFET DE SOIR

A J.-H. Rosny.

        Et je revis le vieux jardin oublié,
Ingratement oublié, depuis les jours clairs et mono-
    tones — d'enfance.
Mais ce ne furent point les souvenirs de ce gris
    matin —
Si gris et pourtant si clair —
Que je retrouvais au fuyant des allées
        De ce vieux jardin oublié.

Sur un royal couchant les marronniers étendaient
Leur tapisserie de haute lice.

Ce furent des Midis déments les démentes heures
Et les espérantes Envolées des jours proches —
        Si lointains ! —

Qui se levaient ainsi que des Ombres maudites
    De leurs tombeaux ;
Et je crus entendre leurs connues antiennes, —
    Menteuses antiennes. —
Mais c'était seulement un crapaud
    Qui radotait.

Rythmes endormis dans les branches,
Gazon morose !
Heure pleurante comme une veuve,
Contagieuse douleur
    Des choses !

Or tandis que j'allais dans tout ce paysage,
Par les Ténèbres conquis ;
Je vis, seules rayonnantes, comme des étoiles tom-
    bées ; —
Comme des étoiles sur le gazon morose, —
    Apparition tranquille :
    De blanches Chrysanthèmes.

CHANSON D'AUTOMNE

A Charles Henry.

Sur le gazon déverdi, passent — comme un trou-
peau d'oiseaux chimériques — les feuilles pourprées,
les feuilles d'or.

Emportées par le vent qui les fait tourbillonner
éperdûment. —

Sur le gazon déverdi, passent les feuilles pourprées,
les feuilles d'or. —

Elles se sont parées — les tristes mortes — avec
une suprême et navrante coquetterie,

Elles se sont parées avec des tons de corail, avec
des tons de roses, avec des tons de lèvres ;

Elles se sont parées avec des tons d'ambre et de
topaze.

Emportées par le vent qui les fait tourbillonner
éperdûment,

Elles passent avec un bruit chuchoteur et plein de souvenirs.

Les platanes tendent leurs longs bras vers le soleil disparu.

Le ciel morose pleure et regrette les chansons des rossignols ;

Le ciel morose pleure et regrette les féeries des rosiers et les fiançailles des papillons ;

Le ciel morose pleure et regrette toutes les splendeurs saccagées.

Tandis que le vent, comme un épileptique, mène dans la cheminée l'hivernal orchestre,

Sonnant le glas pour les violettes mortes et pour les fougères,

Célébrant les funérailles des gardénias et des chèvrefeuilles ;

Tandis que derrière la vitre embuée les écriteaux et les contrevents dansent une fantastique sarabande,

Narguant les chères extases défuntes,

Et les serments d'amour — oubliés.

14 décembre 1882.

II

SYMBOLES

LES BIJOUX FAUX

A Georges Duval.

Je rêvais que je me promenais en un jardin merveilleux.

Dans la clarté des lampes allumées, s'épanouissaient des roses en satin et des camélias de velours.
Les feuilles étaient en fin papier luisant,
Et les tiges de laiton, soigneusement enveloppées de ouates et de taffetas, —
Étaient d'un vert radieux et s'élançaient avec des poses gracieuses, —

Dans la clarté des lampes allumées ; —

Et parmi cette floraison étrange — de roses roses, de roses bleues et de feuilles en fin papier luisant —

Étaient suspendus des colliers de *fausses* pierres précieuses.

Pareils à des gouttes de vin et pareils à du sang, étincelaient de faux rubis — et clignotaient comme des yeux les émeraudes en verre.

Les saphirs bleus comme des flammes de punch flambaient à côté des grains de corail *trop* rouges et semblables aux lèvres teintées de carmin.

La turquoise en porcelaine mettait sa note mate auprès des changeantes opales ;

Et dans cette féerie de pacotille, au milieu des étoiles en doublé, et des lunes en papier d'argent mon spleen inquiet s'endormait comme un enfant malade qu'on berce.

Et j'oubliais les roses vraies, les roses, filles des bleus matins, pour ces roses artificielles.

Et pour ces lunes en papier d'argent, j'oubliais la lune amie des rêveurs qui vont par les soirs parfumés, accablés d'une incurable nostalgie.

Des faux rubis étincelants pleuvait une lumière ardente qui étourdissait.

Le pâle reflet des turquoises charmait comme un coin du ciel.

Et les émeraudes en verre faisaient songer aux énigmatiques profondeurs des flots.

*
* *

Souvent, hélas ! le cœur où notre cœur s'est réfugié,
Est un jardin merveilleux où s'épanouissent des
roses en satin et des camélias de velours,
Où étincellent — pareils à des gouttes de vin et pareils à du sang, — de faux rubis, auprès des turquoises
en porcelaine, dont le pâle reflet charme comme un
coin du ciel.

Je rêvais que je me promenais en un jardin merveilleux.

3o juin 1883.

VILLANELLE

A. E. Mesplés.

Vous êtes la grâce jeune des matins
Et le clair rire des flûtes pastorales

Roses fleuries !

Mais le charme des tristesses très chères est en vous
Et, notes de clavecins, s'évanouissent vos pétales

Roses fanées !

Vous êtes revêtues des robes d'aurore
Et, des tendres nuées d'Avril s'illuminent vos seins

Roses fleuries !

L'or mélancolique des couchants d'Automne
A mis sa beauté dans vos cœurs mourants

Roses fanées !

Vos parfums sont l'ivresse neuve des étreintes
L'allégresse de vivre et l'extatique encens

Roses fleuries !

Mais, dans les Urnes pieuses de vos défunts calices
Repose l'immortel arôme du Souvenir

Roses fanées !

22 février 1890.

LE CALVAIRE

A Raoul Gineste.

De la lande attristée vers le ciel d'or glorieux
Monte la vieille Croix de pierre
Aux héroïques bras, jamais lassés
De leur geste large ouvert, et sur qui les averses
Ont mis l'offrande des mousses.

Et tous à genoux sur l'herbe rare
Courbant leurs pesantes échines, —
     Comme font les bœufs au labour, —
Ils prient et ils pleurent les admirables Humbles,
     Les enviables Humbles ;
Ils pleurent sans rancune, ils prient sans colère,
A genoux sur l'herbe rare
De la lande attristée — vers le ciel d'or glorieux.

Voici nos douleurs, ô Christ
      Qui aimes la douleur ;
Bois nos larmes, Dieu
      Qui te plais aux larmes !
Voici nos misères
Et voici nos deuils
Et l'opaque fumée de notre malice
Qui monte vers Ta Face, ainsi
Que la fumée des entrailles sanglantes
D'un bouc égorgé pour le sacrifice.

    Et le crépuscule monte de la terre —
      Comme une vapeur d'encens
      Monte de l'encensoir —
Une miraculeuse Paix efface l'horizon
Et s'épand ainsi qu'une fraîche pluie
      Sur l'aride cœur qui souffre.

Et, dans l'ombre commençante
La vieille Croix agrandie
      Semble unir le sol au zenith —
Comme un Pont jeté
Sur les éthéréennes ondes —
Comme un sublime et symbolique Pont, menant
De la lande attristée — vers le ciel d'or glorieux.

    1888.

S MPHONIE DES PARFUMS

A Madame Dardoize.

Je veux m'endormir dans le parfum des roses
fanées, des sachets vieillis, des encens lointains et
oubliés. —

Dans tous les chers et charmeurs parfums d'autrefois. —

Mes souvenirs chanteront sur des rythmes doux, et
me berceront sans réveiller les regrets.

Tandis que le morne et spléenétique hiver pleure sur
la terre inconsolée,

Et que le vent hurle comme un fou,

Tordant brutalement les membres grêles des ormes
et des peupliers,

Je veux m'endormir dans le parfum des roses fanées,

Des sachets vieillis, des encens lointains et oubliés.

Et les rythmes et les parfums se confondront en une
subtile et unique symphonie ;

Les roses fanées se lèveront superbes et éclatantes,
Chantant avec leurs lèvres rouges les vieilles chansons aimées ;
Elles s'enlaceront aux pâles jasmins et aux nénuphars
   couleur de lune ;
Et je verrai passer leurs ombres miroitantes, comme
   en une ronde des robes de jeunes filles.

Les clochettes des liserons chanteront avec leurs
   parfums amers — les mortelles voluptés ;
La violette à la robe de veuve dira les tendresses
   mystiques et les chères douleurs à jamais ignorées ;
L'héliotrope avec son parfum vieillot et sa couleur
   défraîchie, fredonnera des gavottes, ressuscitant les
   belles dames poudrées qui danseront avec des mouvements lents et gracieux.

Musc minuscule et compliqué comme une arabesque,
Scabieuse, — reine des tristesses,
Opoponax dépravé comme une phrase de Chopin,
Muguet, — hymne à la gloire des séraphiques fraî-
   cheurs,

La myrrhe solennelle, le mystérieux santal,
L'odeur du foin coupé, — sereine et splendide comme
   un soleil couchant,
Iris où pleure l'âme des eaux dormantes,
Lilas aux subtils opiums,

L'amoureuse vanille et le chaud ambre gris

S'uniront en des accords grondants et berceurs —
    comme les orgues et comme les violons
Évoquant les visions cruelles et douces
Les extases évanouies, — les valses mortes, — les
    cassolettes éteintes et les lunes disparues.

Tandis que le morne et spléenétique hiver pleure sur
    la terre inconsolée ;
Et que le vent hurle comme un fou, tordant bruta-
    lement les membres grêles des ormes et des peu-
    pliers,
Je veux m'endormir dans le parfum des roses fanées,
    des sachets vieillis, des encens lointains et oubliés.

1881.

BERCEUSE MACABRE

A Maurice Vaucaire.

— Qu'elles sont cruelles et lentes, les heures !
Et qu'il est lourd — l'ennui de la mort !
Qu'elles sont cruelles et lentes, les heures.
Les heures silencieuses et froides, qui tombent
dans l'Éternité, comme des gouttes de pluie dans la
mer.

Donne-moi la main, ô ma sœur, et viens sous la
Lune calmante, parler de *ceux* que nous avons
laissés seuls quand nous sommes descendues dans la
tombe.

— Un sommeil très lourd m'engourdit, et je fais
un rêve qui durera toujours ; — rendors-toi, ma
sœur, — nos aimés nous ont oubliées,

— J'ai mis mon cœur dans son cœur et je suis
sienne à travers la Mort.

— Ces murs sont hauts, et la terre des vivants est loin ; — rendors toi, ma sœur.

— J'ai senti des diamants humides tomber sur ma bouche desséchée, — c'est mon ami qui pleurait.

— Rendors-toi, pauvre sœur ; — c'est la pluie qui violait ton cercueil.

— O Souvent j'entends des sanglots lointains ; — c'est mon aimé qui gémit, hanté par nos chers souvenirs.

— Non, c'est le hibou qui jette un cri dans la nuit profonde ; — profonde comme nos tombeaux, et comme l'oubli de ceux qui nous avaient aimées ; — rendors-toi, ma sœur.

2 décembre 1882.

LE HIBOU

A Maurice Rollinat.

Il agonise, l'oiseau crucifié, l'oiseau crucifié sur a porte.

Ses ailes ouvertes sont clouées, et de ses blessures, de grandes perles de sang tombent lentement comme des larmes.

Il agonise, l'oiseau crucifié !

Un paysan à l'œil gai l'a pris ce matin, tout effaré de soleil cruel, et l'a cloué sur la porte.

Il agonise, l'oiseau crucifié.

Et maintenant, sur une flûte de bois, il joue, le paysan à l'œil gai.

Il joue assis sous la porte, sous la grande porte,
où, les ailes ouvertes, agonise l'oiseau crucifié.

Le soleil se couche, majestueux et mélancolique, —
comme un martyr dans sa pourpre funèbre ;
Et la flûte chante le soleil qui se couche, majestueux et mélancolique.

Les grands arbres balancent leurs têtes chevelues,
chuchotant d'obscures paroles ;
Et la flûte chante les grands arbres qui balancent
leurs têtes chevelues.

La terre semble conter ses douleurs au ciel, qui la
console avec une bleue et douce lumière, la douce
lumière du crépuscule ;
Il lui parle d'un pays meilleur, sans ténèbres mortelles et sans soleils cruels, — d'un pays bleu et
doux comme la bleue et douce lumière du crépuscule ;
Et la flûte sanglote d'angoisse vers le ciel, — qui
lui parle d'un pays meilleur.

Et l'oiseau crucifié entend ce chant,
Et oubliant sa torture et son agonie,
Agrandissant ses blessures, — ses saignantes bles-
sures, —
Il se penche pour mieux entendre.

★
★ ★

Ainsi es-tu crucifié, ô mon cœur !
Et malgré les clous féroces qui te déchirent,
Agrandissant tes blessures, — tes saignantes bles-
sures,
Tu t'élances vers l'Idéal,
A la fois ton bourreau et ton consolateur.

Le soleil se couche majestueux et mélancolique.
Sur la grande porte, les ailes ouvertes, agonise
l'oiseau crucifié.

26 mai 1883.

NAISSANCE D'APHRODITE

A Théodore de Banville.

Les plaines, les sombres plaines de la Mer
Frissonnent opprimées par le courroux des cieux
    Mélancoliques jusqu'à la mort
Et déchirés des glaives brillants de l'éclair ;

Les Vents sifflent ainsi que des serpents blessés ;
Le Flot révolté, le Flot hurlant et sanglotant
Se débat, mordu d'antiques Désespoirs.

Et ce sont à présent
De sinistres chevauchées d'armures
Et le fracas des chocs et les cris d'agonie
Par les plaines, les sombres plaines de la Mer.

Toutes les Colères divines, tous les humains Tour-
  ments,

Grondent parmi ces Voix redoutables et tristes,
Grondent dans toutes ces Bouches écumantes,
Et tous les pleurs des Dieux, toutes les larmes des
   Hommes,
Roulent en ces flots révoltés, ces flots hurlants et
   sanglotants.

Par les plaines, les sombres plaines de la Mer.

* * *

Or, voici naître la Déesse,
Aphrodite ingénue et terrible.

Elle pose sur la poitrine gémissante du Gouffre,
— Que torture la tempête implacable —
Ses pieds plus implacables encore
Et aussi doux que des caresses
      Longtemps souhaitées,
Ses beaux pieds blancs rapides comme des ailes.

Et les vagues conquises
Portent l'offrande de leurs perles mouillées
Vers Ses hanches intrépides,

Et vers Ses cuisses, recélant
Toute la chaste beauté des bêtes,
Et tout le don divin des chers délires.

Les reflets du ciel illuminé soudain
Et les reflets de l'eau devenue radieuse,
        S'unissent en accords de riches clartés
Sur la gloire tranquille de Son ventre.

Sur le torse immortel où palpite
La dangereuse et sublime Source des Extases.

Et sur les seins aigus comme des glaives,

Les reflets du ciel et de l'eau radieuse,
        Ornent d'azur et d'or
Les bras aussi candides que des lys
S'abandonnant inertes de langueur,

Les épaules puissantes et charmantes
        Qui sont comme fléchies
Sous le poids formidable de leur Royauté.

Mais plus éblouissant que tout le ciel illuminé,
Plus radieux que l'eau radieuse,
        Est le clair visage d'Aphrodite.

Sa forme est pure comme une pure idée,
Et les miraculeuses lumières des prunelles

Sont brillantes comme au travers d'intarissables
  pleurs.

Malgré le sourire ambigu
Qui près des joues volète
      Ainsi qu'une abeille
Vers le miel enivrant des lèvres.

Et, toute la mer apaisée,
Se prosterne devant
      La grande Reine
Victorieusement surgie du fond de la tourmente.

      Tandis que sur le ciel,
Flambe sa chevelure comme une torche ardente.

III

FEMMES

ÈVE

A Maurice Isabey.

Ève au corps ingénu lasse de jeux charmants
Avec les biches rivales et les doux léopards
Goûte à présent le repos extatique,
Sur la riche brocatelle des mousses.

Autour d'elle, le silence de midi
Exalte la pamoison odorante des calices,
Et le jeune soleil baise les feuillées neuves.

Tout est miraculeux dans ce Jardin de Joie :
Les branchages s'étoilent de fruits symboliques
Rouges comme des cœurs et blancs comme des âmes ;

Les Roses d'Amour encore inécloses
      Dorment au beau Rosier ;

Les lys premiers nés
Balancent leurs fervents encensoirs
Auprès
Des chères coupes des Iris
Où fermente le vin noir des mélancolies ;

Et le Lotus auguste rêve aux règnes futurs.

Mais parmi les ramures,
C'est la joie criante des oiseaux ;
Bleus comme les flammes vives du Désir,
Roses comme de chastes Caresses
Ornés d'or clair ainsi que des Poèmes
Et vêtus d'ailes sombres comme les Trahisons.

Ève repose,
Et cependant que ses beaux flancs nus,
Ignorants de leurs prodigieuses destinées,
Dorment paisibles et par leurs grâces émerveillent
La tribu docile des antilopes,

Voici descendre des plus hautes branches
Un merveilleux Serpent à la bouche lascive,
Un merveilleux Serpent qu'attire et tente
La douceur magnétique de ces beaux flancs nus,

Et voici que pareil à un bras amoureux,
Il s'enroule autour
    De ces beaux flancs nus
Ignorants de leurs prodigieuses destinées.

ARIANE

A Jean Moréas.

Trève aux plaintes, assez de sanglots ;
Ce triste cœur est dévasté de larmes ;
Et devenu pareil à un champ de combat,
Où la trahison de l'amant —
Sous son glaive aux éclairs meurtriers —
Coucha toutes les jeunes et puissantes joies
    Mortes, baignées dans leur sang.

Et parmi tes roches plus clémentes
Que l'âme criminelle de Thésée,
Sur ton sol muet, ô farouche Naxos !
    Ariane s'endort ;
Tandis que sur la mer complice,
A l'horizon s'effacent
    Les voiles blanches des trirèmes.

Elle dort. Les mélancoliques roses
                    Nées sous les pleurs,
Font albatréen son beau visage.
Et sur ses bras nus, aux joyaux barbares,
Frémissent les papillons d'ombre saphirine,
Que projettent les sapins
                    Dans le soir tombant. —
Le ciel a revêtu ses plus riches armures
                    D'or et de bronze.

*
* *

Mais, voici approcher le char
                    Et retentir les sistres ;
Et voici le Dieu charmant
                    Dionisos,
Couronné du gai feuillage
                    Pris à la vigne sacrée.
Et, cependant que l'agreste troupe
                    Des Faunes et des Satyres
Demeure auprès des outres pleines,
Dionisos approche.

Sa nudité a la grâce triomphale
De l'impérissable jeunesse ;
Et sa chevelure de lumière
S'embaume des aromates
                    Conquis aux Indes lointaines.

Au rythme prestigieux de sa marche,
                    Ses cuisses de héros
Ont l'ondoyance voluptueuse des vagues ;
Et le geste de son bras victorieux qui porte
                    Le thyrse saint
Montre la toison fauve de son aisselle,
Attestant l'androgyne nature
                    De l'Animale — Divinité.

* *

Ariane endormie est pareille
A une neigée de clairs lotus.

Le Dieu ravi
S'émeut de délire célestement humain ;
Et sa caresse comme un aigle s'abat
Sur le sein ingénu de la dormante belle,
                    Qui s'éveille alors.

Mais la flamme des yeux noirs
Du Dieu qui règne sur les sublimes ivresses
A consumé dans le cœur d'Ariane
                    Les douleurs anciennes ;
Et séduite, elle se donne
                    Aux immortelles amours
Du Dieu charmant
                    Dionisos.

HÉLÈNE

A Eugène Ledrain.

Aux jardins fleuris de lauriers roses
    Et parmi les vasques
Où tombent les doux pleurs des fontaines
Echappées au rire hiératique
    Des masques,
Hélène, aux yeux charmants, promène
    Une indolente songerie.

Par instants, elle s'arrête
    Près des blancs gradins
Menant des jardins fleuris
Dans l'ancestral palais de Priam ;
Et cueille, distraite,
    Les odorantes roses.

Dont les lourds bouquets s'épanchent
          Vers les blancs gradins ;
Ainsi, le flot rose d'un vin de Syracuse
          S'épanche des cratères pleins,
Que des mains ivres inclinent.

Sa tunique d'azur délicat
Est retenue
Sur l'épaule nue
          Couleur de colombe
Par de riches agrafes ouvrées.

Et sur ses pieds blancs,
          Comme la blanche laine des agneaux
Tombent les plis droits et souples
De sa tunique d'azur délicat.

*
* *

Le tumulte lointain du combat,
          Qui jette sur la terre sanglante
          Les héros mourants sous les murs de Troie ; —
          Parmi le bruit terrible des boucliers
          Et des lances heurtées ; —
Le tumulte lointain du combat
          Arrive confus : —
Tel un grondement d'écluses ouvertes

Précipitant les ondes
    · D'un fleuve furieux. —

Hélène, avec une nonchanlante grâce, s'est assise
Sur le marbre pâle d'un banc réfugié
        Dans l'ombre des lauriers roses ;

Et, tandis que sa main enfantine mêle
A ses beaux cheveux les odorantes roses,
Elle rêve, l'oreille vaguement importunée
Par le tumulte lointain du combat.

MARIE

A Catulle Mendès.

La jeune fille nazaréenne amoureusement rêve
Elle rêve aux exploits sans pareils
                    De l'admirable Jéhovah.

— C'est lui — dit-elle dans son cœur tremblant —
                    Qui exhaussa
Par la seule force de son Verbe
Les murailles d'azur qui supportent son ciel.

C'est lui qui enchaîna la mer farouche
                    La mer gémissante éternellement
La mer écumante de sa révolte vaine.

— C'est lui — dit-elle dans son cœur brûlant —
                    Qui délivra

Son peuple choisi de la dure peine
            Au pays d'Egypte, au pays d'exil,

Et c'est son invincible valeur qui triompha
Des Amalécites ennemis de son nom glorieux

*
* *

La jeune fille nazaréenne amoureusement rêve

Et le poids accablant
D'une Humilité surhumaine
            Fait incliner son front charmant

        Or, l'Ange annonciateur paraît à ce moment
Et lui dit : « Salut, Marie,
            Dans tes flancs tu porteras ton Dieu. »

MAGDELAINE

A Arsène Houssaye.

L'air est plus opprimant par ce soir d'orage
Dans le creux de roche où Magdelaine pleure —
Et des pierres émane une odeur de tristesse.

    Loin sont les jours
Où sa victorieuse beauté
    Lui était
    Comme une couronne
Et l'éclat astral de ses yeux
    Comme une gloire —
Un deuil cruel et cher la possède pour jamais. —

    Loin sont les jours
Où la radieuse éblouissance de son corps
    Se constellait d'orfèvreries —

Et ses beaux bras se plaisaient aux anneaux
Amoureux de leur contour.

Son âme est blessée d'une sainte tendresse
Et toute ployante sous le poids du charme —
   O torturant charme ! —
De la Voix bonne
Et de la bonne Parole
Qui s'est tue dans la Mort,
Mais quelle entend toujours.

Et pour rendre ses pensers douloureux
   Plus navrés,
Les souvenirs maudits clament
   Ainsi qu'un vent de rafale ; —

Oh ! le rire de ces flûtes entendues
   Dans les nuits damnées !

Alors que couronnée de roses
   Et la gorge nue, —
Ivre des arômes de sa fastueuse chevelure, —
Elle se renversait aux bras enlaçants
   D'amants...

Oh ! le rire de ces flûtes !

Que l'air est opprimant
Dans le creux de roche
Où maintenant elle pleure.

Un deuil cruel et cher
La possède pour jamais —

Mais dans la lueur de ce soir d'orage
Sa chevelure
Est rose.

IV

CONTES

LA REINE DES NEIGES

A Mlle Renée de Riny.

Je garde la mémoire fidèle
Des vieux contes, contés
Par les bonasses vieilles
    Si bonasses et si vieilles.
Elles me semblaient avoir au moins mille ans
Car l'œil d'un enfant s'effare devant
    Les rides.

      *
    * *

Dans un Pays, très loin — très loin,
La Reine des Neiges en robe de givre
Couronnée d'étoiles Polaires,
Habite un vaste et froid Palais
Aux murailles de glace
Que la Lumière Boréale
    Orne de sanglantes panoplies.

Le Trône est tout de clairs joyaux :
Frêles colonnettes de stalactites
Et puissantes assises
       De cristal frigide.

Et la Reine aux lents gestes pacifiants
Commande aux Vents Hyperboréens
Qui s'en vont porter le blanc trésor
       Des bonnes Neiges
A toute la terre transie
       Le blanc et doux trésor
       Des douces neiges,
Pour qu'elles couvrent les champs engourdis
Et fassent sur les routes désolées
Des tapis propices
Aux pas des errants.

Elle envoie le voile éblouissant
       Des chastes Neiges
A la frissonnante nudité des branches
D'arbres, orgueilleux naguère
       De leurs robes vertes ;
Et le trésor des immarcessibles Neiges
Aux chaumières grises
Qui par sa grâce deviennent
Vêtues de splendeur.

Elle envoie le don munificent

Des Nuptiales Neiges,
Qui se font miraculeux décor
Dans les campagnes silencieuses,
Où la Fée de la Nuit mène sous la lune
Le cortège des amoureuses Fêtes —
Parmi les prés devenus pareils
A des océans de blancheurs
Diamantés d'étoiles. —

Et, sur les champs, les bois et les villes,
Du haut du pâle ciel,
C'est Elle qui ordonne
       Aux légères Neiges
De tomber : plumes d'oiseaux blancs
Et faire des lits au long Sommeil sans rêves
Pour les attristés qui tendent leurs bras
Lassés, vers la clémente Mort.

Et voici qu'un jour
D'un trois points du monde
Trois voyageurs y sont venus;

Le premier était un Poète
Et il dit : Reine des Neiges
Donne-moi un cœur de glace,
Car ma mie
       Est trop méchante

Et que je chante
Mes plus jolies chansons ;
Ou que je pleure
Les plus tristes pleurs
De mon cœur,
Jeu est pour elle
Ma peine ;
Quand plus ne l'aimerai
De merveilleux chants chanterai
Donne-moi un cœur de glace
Reine des Neiges.

Le second était un chevalier
Et il dit : Reine des Neiges
Donne-moi un cœur de glace,
Car lorsque en guerre je pars
Femme et petits pleurants
Me fendent l'âme
Et font trembler mon épée dans ma main ;
Si plus personne n'aimais
De gloire me couvrirais —
Donne-moi un cœur de glace
Reine des Neiges.

Le troisième était un Juif
Et il dit : Reine des Neiges
Donne-moi un cœur de glace,
Pour que plus jamais

La plainte des Piteux
Que je dépouille
Ne m'importune ;
    Quand plus aucun remords n'aurai
    Encore plus d'or amasserai —
Donne-moi un cœur de glace
    Reine des Neiges.

Et la Reine des Neiges
Leur donna trois jolis cœurs de glace
Et ils s'en furent contents

Mais voici qu'un jour
Des trois points du monde
Les trois voyageurs
Y sont revenus.

Le Poète dit : Reine des Neiges
Prends mon luth, je n'en ai plus que faire —
Depuis que j'ai un cœur de glace
    Je ne peux plus chanter.

Le chevalier dit : Reine des Neiges
Prends mon épée; je n'en ai plus que faire —
Depuis que j'ai un cœur de glace
    Je n'ai plus de courage

Et le Juif dit : Reine des Neiges
Prends mes sacs d'écus, je n'en ai plus que faire —

Depuis que j'ai un cœur de glace
Je ne peux même plus
Aimer mon or.

* *
*

J'ai gardé la mémoire fidèle
Des vieux contes, contés.

BALLADE

A Georges Bellenger.

I

Dans le parfum des violettes, des roses, et des acacias — ils se sont un matin rencontrés.

Auprès de son corsage entr'ouvert, dormaient des roses moins douces que sa gorge — et ses yeux qui semblaient deux noires violettes embaumaient comme le printemps.

Le soleil poudrait d'or ses cheveux blonds ; —

Lui, regardait ses yeux qui semblaient deux noires violettes.

Rapides sont les heures d'amour.

Un soir, sous les étoiles, elle lui dit : — Je suis à toi pour jamais.

Et les étoiles les ont fiancés ; — les étoiles mo-
queuses et froides.

Dans le parfum des violettes, des roses et des
acacias.

Rapides sont les heures d'amour.

Un jour il est parti, comme les petites fleurs d'acacias neigeaient —

Mettant sur le gazon désolé, de grandes taches
blanches pareilles à des linceuls

Où le papillon venait agoniser.

II

Est-il donc des parfums qui tuent ?

Une fois seulement il respira la fleur ténébreuse
de ses cheveux.

Une fois seulement,

Et il oublia l'enfant blonde qu'il avait un matin
rencontrée,

Dans le parfum des violettes, des roses et des
acacias.

O les nuits irréelles, les merveilleuses nuits !

Les caresses mortellement enivrantes,

Les baisers qui ont le goût du Rêve.

Et les alanguissements plus doux que la volupté.
O les nuits irréelles, les merveilleuses nuits !

Un musc atténué hantait son alcôve.
Est-il donc des parfums qui tuent ?

Elle disait : — Je n'aimerai que toi — la traîtresse.
Et son corps inoubliable avait des mouvements
de bel animal dompté.
De bel et dangereux animal — dompté.

Un jour il trouva des lèvres muettes et boudeuses.
O mais toujours ayant ce même goût du Rêve —
mortellement enivrant.
Des lèvres cruelles et muettes comme les roses
parfumées, qui attirent et ne rendent pas les baisers.

C'est en vain qu'il pleura plus qu'au jour où sa
mère dans le tombeau s'était couchée.
Les yeux de la bien-aimée avaient des regards
plus froids que les marbres des mausolées.
Et ses lèvres, ses lèvres si chères, restaient
muettes comme les roses.

Est-il donc des parfums qui tuent ?

Le bel et dangereux animal qu'il croyait dompté,
avait en jouant mangé son cœur.

Alors, il maudit l'azur du ciel et les étoiles scintillantes.

Il maudit l'immuable clarté de la lune, le chant des oiseaux.

Et le feuillage qui chuchote mystérieusement et perfidement quand approche la nuit apaisante.

III

Mais, le cœur de l'homme est oublieux et infidèle.

Et, maudire est bien triste alors que renaît la saison des jeunes calices,

Et des brises tendres comme des baisers.

Il se souvint de l'enfant blonde qui lui avait dit un soir sous les étoiles : — Je suis à toi pour jamais.

Et il revint.

Mais elle était allée dormir au cimetière,
Dans le parfum des violettes, des roses et des acacias.

25 novembre 1882.

ROMAN DANS LA LUNE

A Edmond Haraucourt.

C'était un poète tourmenté d'un mal étrange

Il vécut sans désirs sans ambitions
      Sans jalousie et sans joies ;
Ignorant les larmes plus douces que le miel
      Et les mortels baisers.

Car, un soir d'extase, il avait aperçu dans la Lune
Celle qu'il devait aimer d'un amour unique —

Il avait aperçu la lumineuse fiancée
Qui l'appelait avec un sourire silencieux. —

* *
*

Les destinées avaient maudit ce rêveur.
Et c'est avec un dégoût de malade qu'il lutta pour le
pain très sec,
Et le vin très frelaté de chaque jour.

Mais quand venait le soir, il oubliait
Les rancœurs et la lutte pour le pain très sec;
Et à sa fenêtre accoudé il chantait, —
Des chants pleins d'amour et de surhumaine clarté —
A la fiancée lumineuse qui l'appelait
Avec un sourire silencieux.

* *
*

Les filles de la terre, en vain l'éblouissaient des
blancs éclairs
De leurs gorges amoureuses,
En vain rôdaient autour de lui leurs yeux ivres.

Il restait fidèle à la fiancée qu'il avait aperçu dans la
lune.
Et qui l'appelait avec un sourire silencieux.

* *
*

Il vécut ainsi beaucoup d'années,
Attendant l'heure de l'éternel hymen

Puis, un soir d'extase, il est mort —
Le poète tourmenté de ce mal étrange.

Et son âme s'envola chantant
             Un hymne de joie,
Là-haut, vers le Pays convoité
        — Si ardemment, si fidèlement ! —
Dans les bras de l'unique Bien-Aimée
             Qui l'appelait
Avec un sourire silencieux.

*
* *

Et, dans une alcôve faite de rayons
Il étreignit pour jamais
             La lumineuse fiancée.

Et ils s'aimèrent longtemps, bien longtemps
D'amour limpide comme l'éther.
Sans inquiétudes, sans angoisses
             Sans jalousies et sans pleurs.

*
* *

Mais, un soir, le poète s'accouda comme autrefois à
   sa fenêtre
Et regarda la terre... avec regret.

LA CHARITÉ

A Gaston de Raimes.

Par les champs, par les villes,
La Charité chemine ;
    Elle chemine à petits pas,
    Car ses pieds délicats
        Sont las
    D'avoir dansé.

Elle a du pain rassis
    Dans sa sacoche
    En peau de crocodile.
Elle a du pain rassis
Pour les oiseaux
    Dignes d'intérêt :
Poules et canards
Qui seront plus tard
    Bons à croquer.

Dans les branches réveillées
    Par le compatissant Printemps,
Les moineaux se congratulent
    Et dédient au compatissant Printemps
De jolis sonnets,
De mignons rondels
Et des cavatines charmantes ;
    Car tout l'hiver ils ont mangé
    De la vache enragée.

La Charité se dit :
Vous n'aurez pas de mon pain rassis,
Petits bons à rien
Qui perdez votre temps à chanter ; —
Je le garde, mon pain rassis,
Je le garde pour les oiseaux
    Dignes d'intérêt.

Elle marche sur les marguerites
    Et sur les trèfles roses ;
Portant dans son cœur vide d'amour
De vastes projets
    Et sous son front morose
    Des pensers moroses ;
Sans voir les bleuets
Bleus comme le ciel —
Et le ciel bleu
Comme les bleuets.

Or, un vieux pauvre assis
    Sur la route au soleil,
Oubliant ses durs soucis,
    Bénissait le soleil.
Et comme passait la chagrine Figure,
Il la prit en pitié,
Lui voyant un front si morose :
    — Celle-ci — dit-il —
    Est plus pauvre que moi.

    Et quittant sa place
Sur la route au soleil,
Le pauvre s'approcha d'Elle
Et, très timidement,
    Lui donna un sou,

3 août 1889.

NATURE MORTE

A Louis Forain.

Un boudoir cossu :
Les meubles, les tentures et les *œuvres d'art*, ont la
   banalité requise.
Et la lampe — soleil à gage — éclaire les deux
   amants.

Elle est teinte en blonde, car *Il* n'aime que les
   blondes.

Lui, a les cheveux de la même nuance que son com-
   plet très à la mode

*
* *

Par la fenêtre ouverte on voit un ciel bleu comme
  une flamme de soufre.
Et la lune, radieuse en ces voiles, flotte vers de
  fulgurants hymens.

*
* *

Ayant achevé de lire le cours authentique de la
  Bourse, *Il* allume un cigare cher — et songe :
« C'est une heure agréable de la journée, celle où
  l'on SACRIFIE A L'AMOUR. »
Ils se sont rapprochés et causent
DE L'ÉGOÏSME A DEUX, DES AMES SŒURS...
Lui, bâillant un peu
Elle tâchant à éviter la cendre du cigare.

*
* *

Par la fenêtre ouverte on voit un ciel bleu comme
  une flamme de soufre
Et les arbres bercés de nuptiales caresses

*
* *

Lui, ayant fini son cigare, se penche pour donner
  un baiser à celle
Qu'au club il appelle « sa maîtresse ».
Il se penche pour lui donner un baiser — tout en rê-
  vant :
« Pourvu que la Banque Ottomane ne baisse pas ! »
Elle, offre ses lèvres pensant à ses fournisseurs

Et leur baiser sonne comme le choc de deux verres
  vides.

*
* *

Par la fenêtre ouverte on voit un ciel bleu comme
  une flamme de soufre
Et les oiseaux veilleurs chantent l'immortel Amour
Tandis que de la terre monte une vapeur d'encens
Et des parfums d'Extase.

*
* *

— Si nous fermions — disent-ils — cette fenêtre qui
  gêne NOTRE EXTASE ?

V

LES RÉSURRECTIONS

LES DANSES

I

LA PAVANE

A Paul Arène.

Dansez la Pavane au rythme câlin,
Somptueuses dames en vertugadins
Galamment offrez votre douce main
        Aux beaux chevaliers.

Tournez lentement, tournez tendrement,
Comme en lassitude de folles nuictées,
Promenez vos traînes richement brodées
En cadence grave promenez vos traînes
Et puis, sans fléchir vos tailles hautaines
        Royalement saluez.

Tournez lentement, tournez tendrement
Cependant que sous le vertugadin
Votre cœur sanglote en peine cruelle.

Car devant vos fenêtres mêmes ce matin
Après un dernier baiser sur vos seins
Votre amant tomba sous la dague mortelle
        D'un traître spadassin.

Dansez la Pavane au rythme câlin
Cependant que flambent les bûchers du Saint-
Office, et que pleurent les psaumes de Calvin.

II

MENUET

A N. Lebeau.

La soie fleurie
Des longs corsages
Palpite d'amour libertine et discrète.
Les galants paniers
Où éclosent
Des roses
Brodées
Se bercent au rythme lent et mesuré
Du menuet.

Et près de l'oreille : vivante rocaille
Le précieux éventail.
Bat de l'aile comme un oiseau
Mourant.
Car le bien-aimé,
(En pourpoint
De satin)
Y vient roucouler
Un mot si *osé.*
Vraiment.

Que sous la neige légère des cheveux
Et près des souriantes lèvres

Le gracieux visage devient aussi rose
                Qu'une rose
En porcelaine de Sèvres.

III

DANSE D'ESPAGNE

A Robert Bernier.

Flottez les jupes vives ! volez ô les chevelures brunes !
                    Ollé !
Les feux de joie sont allumés
Aux noires prunelles énamourées
              Comme les Nuits
                        Ollé !

              Palpitantes guitares
              Sur des rythmes barbares
Comme des gorges pamées
              Doucement sanglotez !
                        Ollé !

Les paumes frappent dans les paumes
Et les tambourins bourdonnent et sonnent
              Comme des abeilles enivrées
              Du sang des roses
                        Ollé !

Et vous cœurs en liesse,
Cœurs jaloux de traîtresses —
Sous la peau mieux brillante qu'une lame —
Eperdûment battez
D'amour profonde et folle
Ollé !

IV

DANSE D'ORIENT

A Georges Auriol.

Les colliers de sequins
    Sur les seins
Frissonnent et brillent comme du beau
    Soleil dans l'eau.

Les longues pendeloques
En de lascifs colloques,
Vers l'oreille entrechoquent
    Leurs chapelets
    Dorés.

C'est l'âpre danse
Du vieil Orient
Sanguinaire et sensuel.

Les flancs virent mollement
Et ondoient comme des vagues,
Et se tordent ainsi que des serpents,
Sous le charme de quelque incantation vague.

Et tandis que harcelée par les miaulements
    Rauques de la *derbouka*

6

Et stimulée
Par les
       Nerveuses crotales,
La jupe de l'almée
Se gonfle d'air
       Comme une voile
         Sur la mer.

Son seigneur — turbané de lin clair,
      La regarde au travers
Des fumées bleues du narguilhé

Et songe que ce soir, il pourra étancher
Sa soif jalouse d'*elle*, en faisant couler
Son joli sang rouge sur ces seins,

Où frissonnent et brillent les sequins.

V

JAVANAISES

A Mlle Irma Perrot.

Les petites idoles
Animées
O mais
Si peu, que cette danse évoque la folle
Vision : d'un bas-relief aux vivants symboles
Hiératique et muet.

Les mains délicates
S'étirent comme des chattes
Jaunes, et parfois
Les pâles doigts

S'ouvrent et volètent près des seins graciles
Comme des papillons grisés
D'aromatiques soirs d'avril, —

Tandis qu'en rythmes brisés,
Pleuvent des musiques farouches et subtiles.

VI

DANSE SLAVE

A Alphonse Humbert.

Heï! Heï! la jouvencelle
      Aux yeux de ciel
A la tresse fleurie de rubans
      Brillants
Heï! Heï! le rude gars
      En « siermiega »
Fleurant les folles herbes
      Et le miel
Joignez vos mains
      Heï! Heï!

Le ménétrier assis sur la table
Lance d'un geste large de semeur
      Le rythme de la danse.

Et le violon chante comme un vieil air
      De guerre
Puis rit aux éclats, rit comme un possédé
Et pleure ainsi qu'une âme oppressée

De trop tendres souvenirs,
De vains souhaits...
Mais non, c'est la danse
Heï Heï !

Il ne faut pas qu'une étreinte vous enlace
Rude gars et belle jouvencelle
Heï ! Heï !
D'un bras seulement
A sa taille lié
Emporte-la —
Comme une proie —
Rude gars
De l'autre, haut levé
Ainsi que pour un serment
Tiens ta « czapka »
Heï ! Heï !

Tandis qu'autour de vous dans la campagne plate
Se balancent les beaux blés nouveaux
Et qu'au cimetière voisin dorment les vieux Morts
Heï ! Heï !

VII

LA GIGUE

A Adrien Dézamy.

Les talons
   Vont
D'un train d'enfer
Sur le sable blond.
   Les talons
   Vont
Sur le plancher clair
D'un train d'enfer.

Implacablement
Et rythmiquement,
Avec une méthode d'enfer,
   Les talons
   Vont.
Cependant le corps,
Sans nul désarroi,
Se tient tout droit,
Comme appréhendé au collet
   Par les
   Recors.

La danseuse exhibe ses bas noirs
Sur des jambes dures
  Comme du bois.
Mais le visage reste coi
Et l'œil vert
  Comme les bois
Ne trahit nul émoi.

Puis, d'un coup sec
  Comme du bois,
Le danseur, la danseuse
Retombent droits
D'un parfait accord,
Les bras le long
  Du corps
Et dans une attitude aussi sereine
Que si l'on portait
  La santé
De la Reine.

Mais de nouveau
  Les talons
   Vont
D'un train d'enfer
Sur le plancher clair.

VIII

VALSE

— Ah! pourquoi de vos yeux
Tant appeler mes yeux,
Et pourquoi d'une folle étreinte me dire
Que tout est puéril
Hors l'élan de nos cœurs
Éperdus l'un vers l'autre.

Ces lampes claires et ces girandoles
Dévoileraient mon trouble sans doute,
Si je laissais vos yeux
Tant parler à mes yeux.

— Vois l'enchantement de cette nuit complice
Et ces roses
Amoureuses
Aux corsages des Amoureuses.

Respirons les aromes charmants
Qui montent de ces fleurs,
Parées comme des femmes,
Et de ces femmes parées
Comme des fleurs.

Enivrons-nous du doux vin
    Cher à Cythérée,
Tandis que les violons
    Traînent des notes pâmées
Et que les violoncelles sont
    Des voix humaines extasiées.

Ne fuyez pas, chers yeux, tes yeux
Abandonnez-vous vaincus et vainqueurs,
Abandonnez-vous, tes yeux à mes yeux.

SONATE

PRÉLUDE

Les douces lampes veillent
Sur le frissonnant calme des tentures
Et les coussins profonds comme l'oubli
Se font complices de notre langueur.

Quel charme dans la muette sérénade
Des guitares frôlées par nos cœurs émus
Sous les balcons des Extases !

Et ces baisers tristes à force de tendresse
Sont comme les humides pétales des nénuphars
S'évanouissant

Sur l'inextinguible soif de nos âmes —
      Accourues au rendez-vous
De ces baisers tristes à force de tendresse, —

      Ne commettons pas la faute
      De ravir l'amoureuse proie
Au Sphinx adorable des minutes futures.

      Vois le gracieux Léthé de lumière
      Caresser la soie des tentures.

(*Rinforzando*)

      Invincible l'étreinte
Et plus sonores les arpèges aux Harpes
      Qui sommeillaient
Dans le frissonnant calme des tentures.

      De quelles invisibles cassolettes
      Monte ce parfum de pourpres roses ?
Et la hantise inquiète des œillets roses ?...
      . . . .

      Le Rêve conquérant
A soumis nos rebelles vouloirs.

(*Fugue*)

      Ors fulgurants des torches,
Chevelures ardentes des célestes Monstres,
      Flammes d'azur, flammes violettes
      Et rouges flammes des bûchers ;

Cimballums stridents et grondantes orgues
Unissent l'héroïque éclat de leurs accords
       Aux larges pleurs des violoncelles.

Tandis que d'un fabuleux firmament
       Tombent en avalanche
De grands lys odorants aux cœurs jaunes
Au milieu de tons mauves suaves jusqu'aux larmes
       Et de lilas évanouis.

(*Dolce rittard.*)

       N'est-ce point l'instant
              Immortel ?
       Et les âpres portes
              Du Réel
       Vont-elles se rouvrir
              Encore ?

       Cette demi-mort
              Que n'est-elle
       La grande, l'auguste Mort
              Si belle !

   2 avril 1890.

LE DÉMON DE RACOCZI

A Ringel.

C'était par une après-midi embrumée
Dans l'air opaque le ciel pesait comme un remords.

J'avais dans l'âme le retentissement de son dernier
    baiser ; —
Je l'avais pour jamais enfoui au fond de l'âme
Comme au fond d'un caveau sépulcral.

Dans l'air opaque le ciel pesait comme un remords.

* *
*

Alors pour fuir cette obsédante mélancolie de l'air et
    du ciel — j'ai fermé la fenêtre brusquement.

7

J'ai fermé la fenêtre et j'ai tiré le rideau épais qui
   soudainement plongea la chambre dans une lumière lourde.
Une artificielle lumière.
Plus ardente et plus molle que la triste lumière de
   l'air embrumé,

*
* *

Et les objets prirent des attitudes *inaccoutumées*.
Des attitudes du rêve.

Dans la caverne de l'ombre, le piano allumait le rica-
   nement de ses dents blanches.
Les fauteuils — ainsi que des personnes cataleptiques
   — étendaient leurs bras raides.
Les luisances voilées des bronzes semblaient des
   clignements d'yeux craintifs.
Et, dans l'or des cadres se réveillaient des lucioles ; —
Auprès des glaces qui *ouvraient* dans le mur d'inquié-
   tantes perspectives.

Et près de la bibliothèque, le *Démon de Racoczi*
   attira mes regards irrésistiblement...

C'était une simple *eau-forte* où, sur un fond brouillé,
   se détachait en noir exagéré — le Démon aux joues

creuses, à la lèvre crispée par une gaieté féroce,
ou peut-être par quelque affreuse torture.

Mais ce n'était qu'une simple *eau-forte.*

Puis le pli entre les sourcils froncés s'accentua.
Il s'accentua, — bien que la chose paraisse in-
croyable, —
Il se creusa plus profondément,
Figeant une expression d'angoisse farouche, sur cette
face au sinistre rictus ;
Les cheveux se hérissèrent *à n'en pas douter ;*
Et l'archet que tenait la main du Démon eut un fré-
missement, s'anima, — en vérité, — et fit rendre à
l'instrument *un son,*
Un son jamais entendu jusqu'alors. —
Et si triste, qu'il semblait fait de tous les sanglots et
de tous les glas.
Et aussi doux que le parfum des tubéreuses, flottant
dans la crépusculaire clarté des soirs.

Puis l'archet s'élança furieux, avec un grondement
de rafale, sur les cordes désespérées.
Et c'était comme des cris de détresse, comme des
rires de fous et comme des râles d'agonisants.
Et c'était comme des appels éperdus, de suprêmes
appels, hurlés vers le ciel désert.

Mais l'horrible symphonie décrut ainsi qu'une mer
qui s'apaise.

Et sous l'archet du Démon s'épanouit alors tout un
    orchestre ;
S'épanouit alors comme une grande fleur — tout un
    orchestre.

Les violons traînaient des notes pâmées, et parfois
    miaulaient comme des chats.
Les flûtes éclataient de petits rires nerveux.
Les violoncelles chantaient comme des voix humaines.

La valse déchaînait son tournoyant délire.
Rythmée comme par des soupirs d'amour ;
Chuchoteuse comme les flots,
Et aussi mélancolique qu'un adieu ;
Désordonnée, incohérente, avec des éclats de cristal
    qu'on brise ;
Essoufflée, rugissante comme une tempête ;
Puis alanguie, lassée, s'apaisant dans une lueur de
    bleu lunaire.

Et par l'archet du Démon évoqués,
Les Souvenirs passaient ;
Cortège muet,

En robes blanches et nimbés d'or, les Souvenirs
    radieux, les bons et purs Souvenirs ;
Sous leurs longs voiles de deuil, les douloureuses
    Ressouvenances ;

Les ombres des Amours morts passaient couronnées
  de fleurs desséchées.

L'archet s'arrèta avec un grincement sourd.
Le Démon était toujours devant moi avec son sinistre
  rictus ;
Mais ce n'était vraiment qu'une simple *eau-forte*.

Dans l'air opaque, le ciel pesait comme un remords.

    1ᵉʳ novembre 1882.

L'ANGE GARDIEN

A Xavier Krysinski.

L'Être blanc au pur regard, à la lumineuse chevelure, suit nos pas tout le long de la vie.

* *
*

L'enfant le voit, tendre et doux, se pencher sur son
   sommeil,
Et notre premier sourire est pour l'Être blanc
Au pur regard.

* *
*

Plus tard, ainsi qu'un frère aîné, il nous conduit par
   la main ;
Indulgent et joyeux,
Il pleure seulement s'il voit notre visage déshonoré
Par une grimace laide, —

Car il veut qu'on soit beau et qu'on lui ressemble
L'Être blanc au pur regard.

*
* *

Et quand est disparue la fraîche ronde des insou-
  cieuses années ;
Quand le dernier clair rire et la dernière petite robe
  s'envolent au ciel des souvenirs,

Quand nos âmes, encore virginales, frissonnent au
  vent d'indicibles angoisses ;
Et que nos yeux extasiés versent des pleurs dans la
  solitude des nuits ;
C'est l'Être blanc au pur regard
Qui, de son aile diaprée,
Essuie nos larmes.

*
* *

Puis vient l'heure des luttes héroïques :
L'Indifférence aveugle et sourde qui fait nos cœurs
  desséchés et pareils à du bois mort,
L'Hypocrisie au sourire fardé,
La Bêtise lâche et féroce,
Rendent nos bras lassés et nos âmes sans courage ;

Alors, douloureusement, il voile sa face, l'Être blanc
   au pur regard ;
Car il veut que, semblables à lui,
Nous gardions notre splendeur et notre beauté premières.

*
* *

Dans les murmures des bois, par les matins ensoleillés ;
Dans la grondante voix de la mer,
Dans le silence mélancolique des soirs,
Dans la douleur et dans la joie,
Au milieu du saint émoi dont nous vibrons quand
   l'aile prodigieuse de l'Art nous effleure ; —
Et au milieu des hymnes de flamme que chantent
   nos cœurs à l'Amour victorieux et sublime ;
Notre oreille entend la voix de l'Être blanc
Qui, consolant et radieux,
Suit nos pas tout le long de la vie.

*
* *

Et lorsque notre tête lasse s'endort dans la fraîcheur
   paisible du tombeau,
Encore bercée par la chanson lointaine et douce des
   souvenirs, — comme l'enfant sur les genoux de sa
   mère,

Il accompagne notre âme, par delà les bleus éthers
et par delà les étoiles, jusqu'au Portique du Ciel
grand ouvert ;

Portant, dans sa tunique de lin immaculé, les belles
fleurs aux parfums ineffables — qui sont nos belles
actions ;

Tandis qu'avec des rythmes de harpes triomphales,
flotte sa lumineuse chevelure.

9 février 1884.

PARADOXE

A François de Nion.

Errer parmi l'extravagant azur des Fictions,
    Aimer les Fleurs aux dangereux parfums,
    Croire à tous les sourires,
Pieusement s'agenouiller devant tous les Dieux,
    Aux rayonnants diadèmes.
Errer parmi l'extravagant azur des Fictions.

    C'est peut-être là — vraiment — la Sagesse.

*
* *

Altièrement passer dans la vie
    Ignorant la haine,
    Les yeux fixés aux radieux lointains,

Les mains pleines des douces roses d'Amour.
Altièrement passer dans la vie.

C'est peut-être là — vraiment — la Vertu.

*
* *

Pleurer des larmes plus belles
        Que les perles des couronnes,
Se bâtir dans le Rêve d'inaccessibles châteaux
        Pour s'y réfugier et s'y consoler
        D'être né.
Pleurer des larmes plus belles
        Que les perles des couronnes.

C'est peut-être là — vraiment — le Bonheur.

MÉTEMPSYCOSE

A Georges Lorin.

Longtemps après que toute vie
Sur la terre veuve aura cessé,
Les tristes ombres des humains,
Les âmes-plaintives des humains,
Reviendront visiter
    La terre veuve
Où toute vie aura cessé.

Elles quitteront les corps nouveaux
Que la tyrannique droite de Dieu
Aura assigné à leur destinée pérégrine,
    Dans quelque planète lointaine,
Et pieusement viendront visiter
    La terre veuve.

Allors, leur prunelle spirituelle
Et leur immatérielle oreille
Reconnaîtront les formes, les couleurs et les sons
Qui furent les œuvres de leurs mains assidues,
    Durant les âges amoncelés et oubliés,

Qui furent les œuvres de leurs mains débiles,
    De leurs mains plus fortes pourtant
        Que le Néant.
Tandis que palpitait en eux la terrestre vie
        Et que leur bouche proclamait
Le nom trois fois saint de l'Art immortel.

Et quand, au matin revenu, un autre soleil
Les rappellera vers les corps assignés
    A leur destinée prérégrine,
        Dans quelque planète lointaine,

Chaque ombre errante, chaque âme plaintive
Dira : — j'ai fait un rêve prodigieux.

Et, sous le fouet de l'éternelle Beauté
Et de l'éternelle Mélancolie,
Les humains à nouveau dompteront —
    Dans cette planète lointaine —
Les couleurs, les formes et les sons.

FIN

TABLE

———

ÉMILE COLIN. — IMPRIMERIE DE LAGNY.

POÈTES CONTEMPORAINS

Volumes in-18 jésus, imprimés en caractères antiques sur beau papier vélin. Chaque volume, 3 francs.

L. ACKERMANN . . . . Poésies . . . . 1 vol.
JEAN AICARD . . . . Rébellions, Apaisements . . . . 1 vol.
    —   Le Livre d'heures de l'Amour . . . . . 1 vol.
NUMA D'ANGÉLY . . . . Les cent petites Toiles champêtres . . 1 vol.
DE L'ANGLE-BEAUMANOI. Les Fleurs noires . . . . 1 vol.
EUGÈNE AUBERT . . . . Élans & Tristesses . . . . 1 vol.
AUGUSTE AUDY . . . . L'Amour en marche . . . . 1 vol.
JULES D'AURIAC . . . . Poèmes d'autrefois . . . . 1 vol.
VICTOR D'AURIAC . . . . . . Pâques-Fleuries . . . . 1 vol.
JACQUES BALLIEU . . . . . . Rêves et Réalités . . . . 1 vol.
THÉODORE DE BANVILLE. Nouvelles Odes funambulesques . . . 1 vol.
    —   Idylles prussiennes . . . . 1 vol.
    —   Les Princesses . . . . 1 vol.
AUGUSTE BARBIER . . . . . Poésies posthumes . . . . 1 vol.
JULES BARBIER . . . . La Gerbe . . . . 1 vol.
AUGUSTE BARROIS . . . . . Miettes de Souvenirs . . . . 1 vol.
FRÉDÉRIC BATAILLE . . . . Le Vieux Miroir . . . . 1 vol.
    —   Poèmes du soir . . . . 1 vol.
GABRIEL BEAU . . . . Chants d'amour et de paix . . . . 1 vol.
BELLANGER . . . . Trilles et vocalises . . . . 1 vol.
A. DE BENGY-PUYVALLÉE. Les Ravenelles . . . . 1 vol.
ERNEST BENJAMIN . . . . . Veillées poétiques . . . . 1 vol.
BERNÈS . . . . Les ailes du Rêve . . . . 1 vol.
JEAN BERGÉ . . . . Les Extases . . . . 1 vol.
ÉMILE BERGERAT . . . . . . Poèmes de la guerre . . . . 1 vol.
    —   La Lyre Comique . . . . 1 vol.
HENRI BERNÈS . . . . Les Ailes du rêve . . . . 1 vol.
MARTIAL BESSON . . . . . . Poèmes sincères . . . . 1 vol.
BLANCHECOTTE . . . . Les Militantes . . . . 1 vol.
ÉMILE BLÉMONT . . . . . . Poèmes d'Italie . . . . 1 vol.
    —   Portraits sans modèles . . . . 1 vol.
    —   Poèmes de Chine . . . . 1 vol.

LÉON DUVAUCHEL . . . . . . La Clef des Champs, 1 vol. in-18 . . 4 fr.
PHILIPPE GILLE . . . . L'Herbier, 1 vol. in-4° . . . . 4 fr.

ÉMILE COLIN. — IMPRIMERIE DE LAGNY

www.ingramcontent.com/pod-product-compliance
Lightning Source LLC
Chambersburg PA
CBHW051730090426
42738CB00010B/2180